Cristina Klein

# Mensagens Cristãs

*para ocasiões especiais*

EDITORA

*Aos meus amados sobrinhos,
Anelise e Eduardo.*

Rua das Missões, 696
89051-000 - Blumenau - SC

**Editoração Eletrônica**
Big Print Comunicação Visual

**Texto**
Cristina Klein

**Revisão Técnica**
Cristina Marques

**IMPRESSO NA CHINA**

Dados Internacionais de Catalogação na Publicação (CIP)
(Câmara Brasileira do Livro, SP, Brasil)

---

Klein, Cristina
 Mensagens cristãs para ocasiões especiais / Cristina Klein. -- Blumenau, SC : SBN Editora, 2010.

 ISBN 978-85-61486-41-9

 1. Deus 2. Reflexões 3. Vida cristã 4. Vida espiritual I. Título.

08-11088                                                            CDD-248.4

---

Índices para catálogo sistemático:

1. Ocasiões especiais : Mensagens : Meditação : Vida cristã :
    Cristianismo       248.4

# Índice

Apresentação ................................. 07

Capítulo 1 - Aniversário......................... 10

Capítulo 2 - Bodas .............................. 18

Capítulo 3 - Casamento ......................... 26

Capítulo 4 - Falecimento ........................ 36

Capítulo 5 - Formatura ......................... 44

Capítulo 6 - Nascimento ........................ 52

Capítulo 7 - Natal............................... 60

Capítulo 8 - Páscoa ............................ 68

# Apresentação

Este livro nasceu despretensioso. Foi gerado com emoção e consciência de seu compromisso junto ao público que pretende atingir, mas também foi rigorosamente embasado na crença cristã, com um respeito imenso por tudo o que ela envolve.

Está organizado em oito capítulos que discorrem sobre ocasiões especiais em nossas vidas - guardadas aqui as devidas proporções - quais sejam: o aniversário, as bodas, o casamento, o falecimento, a formatura, o nascimento, o Natal e a Páscoa. Em cada um deles, há uma introdução, onde a perspectiva cristã é colocada em uma linguagem acessível. Na sequência, cinco mensagens são propostas ao leitor.

Este trabalho foi feito com muito carinho. Tem como fio condutor os ensinamentos de nosso Senhor Jesus e está calcado na orientação de servir à Sua Vontade. Que as palavras aqui contidas possam alegrar os seus dias de celebração e até mesmo aqueles que forem de pesar, transmitindo-lhes a consolação da Palavra de Deus.

Fiquem na Paz do Senhor.

Cristina Klein

2010

# Mensagens Cristãs para Ocasiões Especiais

Capítulo 1

# Aniversário

# Falando sobre o aniversário

Nosso dia de aniversário é sempre uma ocasião de alegria, na qual todos os anjos se regozijam e Deus nos abençoa com Seu amor e dádivas futuras. Ele nos dá a vida para a celebrarmos todos os dias e, ao completarmos mais um ano, envolve-nos em Seus braços de proteção e luz.

Este Deus amoroso nos renova para seguirmos o caminho reto, para que O ouçamos ainda melhor nos momentos de dúvida e não fraquejemos diante das adversidades. Contudo, precisamos trazer o Pai sempre no coração para isso. Apenas quando estamos sinceramente empenhados em Tê-lo conosco, é-nos possível festejar a nossa data de aniversário - e mesmo qualquer outra - com os olhos cheios de esperança, certos de que a felicidade também existe para nós.

Assim, comemorar mais um ano de vida deve ser, para o cristão, o mesmo que celebrar mais um ano com o Senhor, em que honramos o Seu Nome e Lhe servimos, sem deixar de nos alegrar com o presente maravilhoso que é a vida e de desfrutar de todas as bênçãos, prosperidade e abundância que Ele nos proporciona.

Por tudo isso, meu irmão, sinta-se muito feliz: você é amado, segue os passos de nosso Senhor, Jesus Cristo, e tem uma vida repleta de aniversários para celebrar.

## Mensagem 1

Querido(a) ..........

Parabéns pelo seu aniversário! Que alegria poder compartilhar com você este momento especial. Que você receba muitas bênçãos de Deus e realize os sonhos que moram no seu coração.

Saiba que todos os que amam você estão contentes neste dia, satisfeitos por poder conviver, rir, brincar, aprender, consolar, trabalhar e orar ao seu lado.

Aproveite a festa, que tanto amor reunido organizou para lhe ver sorrir. Cante, dance e se sinta amado(a). Depois, faça uma oração silenciosa e agradeça pela paz que você sente e pela união ao seu redor.

Você é muito importante para o Senhor. É um(a) filho(a) amado(a) que nasceu para ser feliz. Traga-O sempre no seu peito com a mesma alegria deste dia festivo.

## Mensagem 2

Parabéns!
É tempo de festejar mais um ano
de conquistas e alegrias,
que veio abundante
em bênçãos do Senhor.
É tempo de comemorar
as vitórias obtidas
e agradecer pelos
desafios que nos testaram a fé.
Você, meu(inha) irmã(o),
tem o carinho de muitos
que lhe querem bem.
Encha o seu coração
com esse presente
e seja sempre muito feliz.

## Mensagem 3

Feliz Aniversário!
Aproveite muito este dia especial,
celebre a vida,
a sua boa saúde
e a alegria de estar entre os seus amados.
Comemore este dia especial e
nunca esqueça de que
você é amado(a) pelo Pai
e querido(a)
por seus amigos e familiares.

## Mensagem 4

Querido(a) ..........

É seu aniversário.
Um dia maravilhoso
para celebrar a vida.
Deus deve estar
sorrindo, pois um(a)
filho(a) amado(a)
vive feliz,
comemora e ri.
Você, que está em Cristo
e exulta de alegria,
recebe hoje o carinho
de seus amigos
e, certamente,
as bênçãos do Pai
para toda a vida.
Muitas felicidades!

## Mensagem 5

Viver é um presente divino.
Todos nós o recebemos
em nome do imenso amor de Deus.
Nosso Senhor quer que nos alegremos
todos os dias de nossas vidas.
Mas, neste, o do nosso aniversário,
é também para espalharmos
a luz que Ele nos dá
com o nosso riso,
com um abraço nos amigos e
com o amor da família.
Por isso, meu(inha) irmã(o),
festeje este seu dia especial
com muita felicidade
no coração.
Feliz aniversário!

# Capítulo 2
# Bodas

## Falando sobre as bodas

É uma grande felicidade poder compartilhar nossos dias com um cônjuge, vivendo em harmonia, na paz do Senhor e com o Cristo reinando sobre nossos atos.

A união é celebrada cada vez que completamos aniversário pela data do casamento. Entretanto, devemos festejá-la em todos os momentos, agradecendo a Deus por esse encontro de amor e demonstrando a alegria do nosso lar.

Conviver nem sempre é fácil. É preciso saber entender o outro, trocar idéias, fazer concessões e perdoar. Ambos devem ter em mente que a vida a dois necessita dessas ações, pois são também atitudes de quem ama verdadeiramente.

O Pai Celestial, criador e dono de nossas vontades, sempre nos mostra como contornar os obstáculos da vida conjugal e perceber o Seu propósito. Os anos vão passando, o amor se fortalece, amadurecendo os corações. E, de repente, ao olharmos distraidamente para o passado em comum, encontraremos uma linda história para contar, repleta de frutos e felicidade.

## Mensagem 1

Meus queridos amigos, .......... e .......... ,

É com muita satisfação que os congratulo por esta data tão especial. Que maravilha ver o amor se erguendo sobre todas as coisas! Nada é mais importante e sublime. Parabéns por saberem disso.

Quem tem um ao outro, como vocês, pode vencer qualquer problema e inspirar outros casais a acolherem o amor verdadeiro em seus corações.

Celebrem esta bela união com muita alegria, festejos e o carinho de seus amigos e familiares. Deus certamente se alegra ao contemplar a bonita estrada que vocês construíram, na qual sempre louvaram o Seu Nome e seguiram o bom caminho.

Que o amor que os uniu e os mantêm fortes continue vivo por toda a eternidade, iluminado pela proteção de nosso Pai Celestial.

# Mensagem 2

Parabéns
por esses ..... anos
de amor e companheirismo.
Vocês glorificam ao Senhor
com seu compromisso
um pelo outro e
pelo respeito mútuo
com que se dedicam.
Que Deus os proteja
nos anos vindouros
e encha seu cálice
de bênçãos,
para que esta data
se repita muitas
e muitas vezes.

## Mensagem 3

Partilhar a vida juntos,
sob a luz
da bênção divina,
é um grande presente.
Parabéns
por esses ...... anos
de união e amor,
nos quais vocês
souberam conviver
na paz do Senhor,
honrando o
Seu Santo Nome
e inspirando os
que buscam a
felicidade a dois.

## Mensagem 4

..... anos de amor!
Parabéns pela
data de hoje,
queridos amigos.
Que Deus,
Todo-Poderoso,
ilumine suas vidas
e os abençoe.
Que seja sempre
abundante
o seu caminho,
cheio de paz e saúde,
e que todos os dias
sejam de celebração
pela união de vocês.

## Mensagem 5

Não há bem maior
do que o amor!
Vocês o têm bem aí,
pulsando feliz,
dentro do peito.
Parabéns
por este dia, amigos,
quando vocês celebram
..... anos de casados,
nos quais
foram sábios
para ter
o nosso Deus
sempre presente,
como Mestre e
Conselheiro.
Muitas felicidades!

Capítulo 3

# Casamento

# Falando sobre o casamento

O casamento é a união sublime de duas almas cristãs que se amam e se respeitam, desejam ser felizes juntas, constituir uma família e seguir os passos de Jesus, em comunhão com Ele.

A bênção do amor de Deus que nós, cristãos, recebemos por meio de pais afetuosos é também concedida mais tarde, quando o Pai nos aponta o(a) companheiro(a) com quem seguiremos nosso caminho na Terra. Ele já tem esse amor especial guardado para cada um de nós, mesmo antes de nosso nascimento. Precisamos, entretanto, dobrar nossos joelhos e orar com fervor para que possamos, apesar de nossa frágil condição humana, vislumbrar em Cristo a certeza da escolha correta.

Casar é uma promessa de vida a dois, que inclui alegrias e tristezas, concessões e conquistas. Mas, mais do que isso, também é o comprometimento que firmamos com nosso Deus de que iremos honrar o Seu Nome por meio de atitudes dignas para com o nosso cônjuge. O Pai espera de nós uma vida em matrimônio calcada nos Seus ensinamentos, de modo que sejamos exemplo para todos os que ainda se encontram longe de Cristo Jesus.

Portanto, o casamento é um instrumento de amor muito poderoso, não apenas porque une filhos amados de Deus, mas também porque é exemplo de conduta reta do cristão comprometido com a Palavra. E isso, querido irmão, pode mudar o mundo, resgatar almas para Cristo e transformar a Terra.

# Mensagem 1

Queridos .......... e .......... ,

Este é um dia muito abençoado na vida de vocês dois! É a celebração de um encontro entre almas há muito tempo planejado por Deus.

Parabéns por terem ouvido o pulsar do amor que Ele colocou em seus corações. Sejam muito felizes e tenham sempre muita paz.

Plantem amor ao seu redor, vivam com gratidão ao Pai por essa união, honrando-a e tornando-a exemplo de felicidade e comprometimento cristão.

Sintam como agora tudo se renova: é uma nova fase em suas vidas, cheia de surpresas, para ser descortinada a dois, com a luz Divina iluminando o caminho e enchendo-os de fé na vida futura.

Muitas felicidades! Fiquem sempre na paz do Senhor Jesus.

## Mensagem 2

O amor chegou
e tudo se fez luz!
Parabéns!
Desejo, do fundo do
meu coração,
que vocês sejam
muito felizes,
que façam conquistas
importantes juntos,
que criem filhos
amados em Cristo,
que renovem a bênção
dessa união todos os dias,

que se queiram muito,
que se respeitem,
que envelheçam juntos
cheios de amor ao redor,
que celebrem a vida
a dois, para sempre...
Desejo, também,
muitas e belas manhãs de Sol,
para que a oração
de vocês dois chegue a Deus
sob a luz de dias claros,
sob o silêncio que vem da paz
e com um amor gigante
que ilumine tudo.

# Mensagem 3

Este é um dia de sonho!
Parabéns por essa linda união,
cheia de amor comprometido,
nascido no coração
e transformado em realidade
pelo desejo recíproco
de construir uma vida juntos.
Vocês têm nos olhos
o futuro que os aguarda.
Façam dele um exemplo de
afeto sincero e amor cristão.
Que Deus os acompanhe e que
Sua Palavra sempre encontre eco
no lar de amor que vocês terão.

## Mensagem 4

Queridos amigos,

Vocês estão começando uma nova vida.
Aproveitem as alegrias que a vida conjugal
reserva aos que se amam de verdade.
Desejo que vocês celebrem a festa de hoje
por todos os dias de suas vidas.
Que Deus abençoe esta linda união e
que Ele sempre esteja em seus corações,
direcionando-os,
rumo à felicidade.

## Mensagem 5

Não há maior felicidade
no mundo do que
amar e ser amado!
Que Deus os abençoe
hoje e sempre,
assim como Ele o fez
naquele primeiro instante:
um olhar, duas vidas...
E, de repente,
o futuro,
antes tão distante.
Parabéns pelo seu casamento!

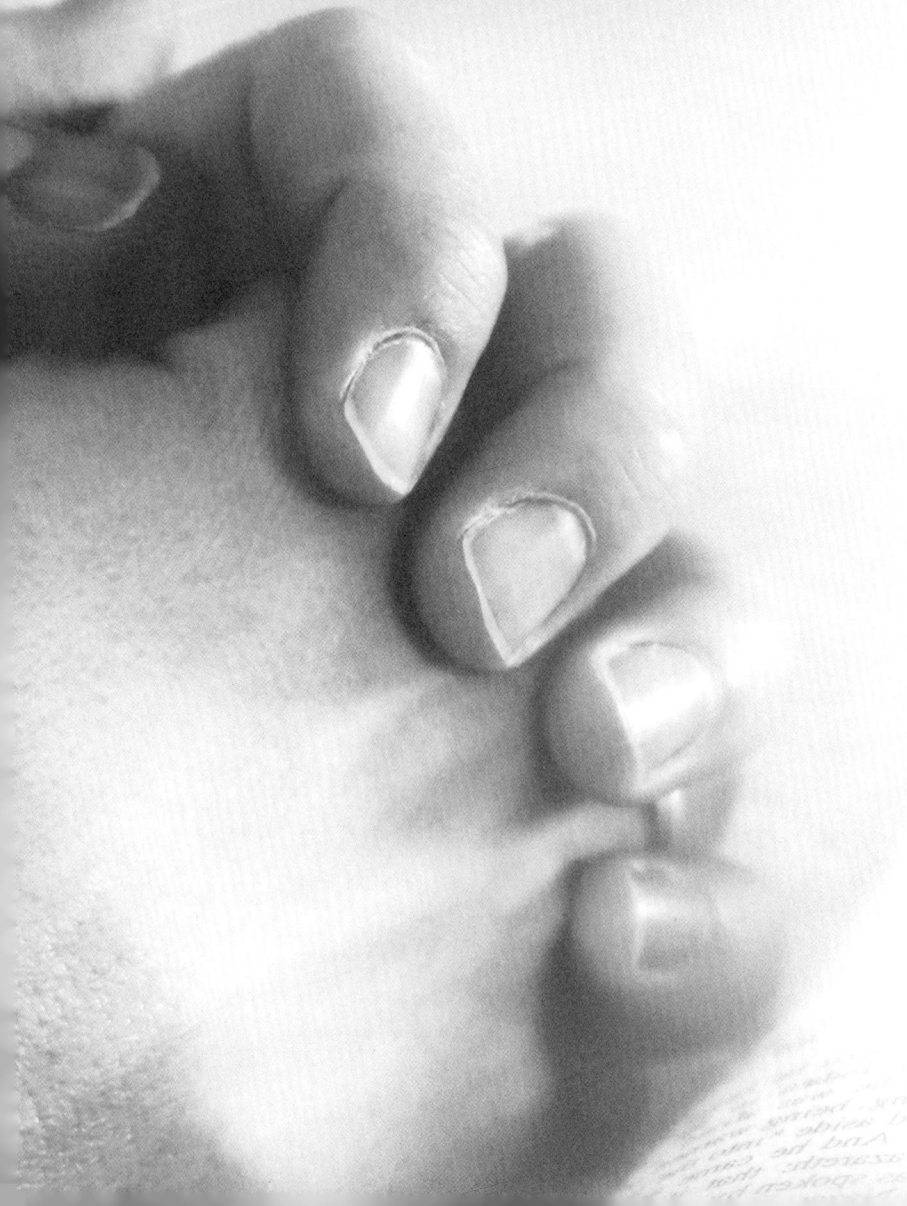

*Capítulo 4*

# Falecimento

# Falando sobre o falecimento

A morte de um ente querido costuma nos abalar, porque entendemos a vida como algo divino, um presente, mesmo nas adversidades e diante dos problemas. Mas precisamos perceber que nosso Pai querido nos quer de volta um dia, porque é no Céu que fica a nossa verdadeira casa, com jardins floridos e perfumados, junto dos nossos amados que já se foram... E junto Dele.

A vida já foi concebida com a condição de retornarmos à casa do Pai, quando Ele nos chamasse. E temos que viver para agradecer, amar e glorificar a esse Pai Amoroso, saudoso de nossa presença.

Por isso, é preciso perceber a morte como uma etapa da vida, a qual existe muito além da nossa existência na Terra. A vida eterna espera por nós todos, com o mesmo Amor Divino. Deus nos abençoa sempre, enche-nos de força e determinação, mostra-nos as alegrias de amar e servir o próximo, seja este da família, um amigo ou alguém que nem conheçamos... Ele nos ensina a viver de um modo que mereçamos voltar à Sua Casa e ser dignos de Sua gloriosa presença.

A morte é a entrada do bom cristão na morada Celestial e isso é a maior dádiva que podemos alcançar. Portanto, meu irmão, vamos congraçar nossos corações e manter o Cristo Vivo dentro deles, amando-O e respeitando-O, sempre com a alegria de sermos filhos abençoados e servos de Sua Vontade.

# Mensagem 1

Meu estimado ........ ,

Lamento pelo falecimento de .......... e peço ao nosso Deus que lhe ilumine para permanecer em paz.

A dor é grande agora, mas vai diminuir com o tempo e chegará o dia em que você apenas sentirá saudade. Afinal, o amor nunca morre; ele só se transforma em lembranças e risos de épocas passadas, e alegria pelo encontro, na vida, com esses que aprendemos a amar e que se vão antes de nós.

Enxugue suas lágrimas, meu irmão. Seu(ua) querido(a) vive agora num lugar muito bonito, cheio de paz e amor, para onde também iremos quando voltarmos para a casa de Nosso Pai Celestial.

Você, querido irmão, é muito precioso para Deus e Ele quer vê-lo forte e corajoso na sua jornada na Terra. Continue a viver, sinta-se feliz todos os dias, comemore a vida e não lamente pelo(a) seu(ua) querido(a) que se foi. Ele(a) está bem agora e quer que você também fique bem.

Levante a cabeça, apoie-se no Espírito Santo de Deus que está aí com você, para lhe amparar nesse momento difícil, e siga em frente. Perceba o braço estendido do Pai em forma de consolação amorosa... E volte a apreciar a vida com a qual Ele lhe presenteia a cada instante.

## Mensagem 2

Seu(ua) querido(a) .......... voltou para o aconchego do Deus-Pai.

Não sofra.

Lembre-se que .......... retornou ao Lar e

deve estar muito feliz nesse lugar de luz e amor.

Ele(a) ainda vive e viverá para sempre.

Está em seu coração,

com Deus e

com outros amados que também já partiram.

Fique bem.

Sinta-se consolado(a)

pelo Espírito Santo de Deus ao seu lado.

Continue a sua vida,

pois ela lhe reserva muitas bênçãos divinas pela frente.

Não chore mais.

O amor é para sempre!

Ele existe, não importa onde estejamos.

Siga com coragem,

sabendo que Deus estará sempre com você,

amando-lhe,

por toda a vida e além dela.

## Mensagem 3

Ver um de nossos queridos partir é difícil.
Todos sabemos.
Mas tenha força, meu irmão corajoso,
confie nos desígnios que Deus guarda
para cada um de nós,
conforte-se no Espírito Santo
que lhe abraça nesse momento,
mantenha-se firme e em paz.
Saiba que seu(ua) amado(a) ..........
vive agora
junto ao Nosso Senhor,
na casa onde também habitaremos,
por amor de Seu Nome,
quando chegar o dia
de nossa abençoada volta ao Lar.

## Mensagem 4

Sei que está doendo,
meu irmão,
e só o que posso
é oferecer meu ombro,
meu alento...
Mas tenha fé,
Deus está a seu lado,
cuidando do seu coração.
Ele planta alegria e
planta também consolação.
Seu(ua) querido(a) voltou ao Lar.
Saiba disso, creia nisso
e, com o tempo,
toda essa dor vai passar.

## Mensagem 5

Meu coração também sofre
vendo o seu assim...
Mas, meu irmão,
vamos confiar
em Deus-Pai,
crer no Seu infinito
amor por nós
e erguer nosso olhar
para a Sua luz.
Veja que lá já está
o(a) nosso(a) querido(a)
que partiu:
Feliz, protegido(a) pelos
braços amorosos do Pai,
onde um dia
também estaremos
pela Graça
do Seu Santo Nome.

## Capítulo 5

# Formatura

# Falando sobre a formatura

Concretizar um sonho é sempre uma prova de fé. Aquele que labuta sem descanso e entende a necessidade de nunca esmorecer diante dos obstáculos acredita na vitória. Para obter um diploma é preciso comprometer-se com o sonho tão almejado de alcançá-lo.

O cristão que sabe do seu valor esforça-se nos estudos. Mas não esquece que é Deus quem reina sobre todas as coisas e é a Ele que sua oração, clamando por vencer, deve ser dirigida.

Aquele que tem o Pai norteando os seus passos é mais forte, porque ora, louva, glorifica, agradece e pede a intervenção Dele em seus assuntos. Nosso amado Deus quer nos ver buscando nossos objetivos e conquistando melhores oportunidades, estudando com afinco e vencendo o sono das madrugadas em que o estudo pede mais tempo e dedicação. Ele nos dá a resistência necessária para isso.

Finalizar um curso, seja este do nível que for, é sinônimo de orgulho para nós mesmos e para os que nos querem bem. Deus também se alegra, porque vê a conquista de um filho Seu servindo de exemplo aos outros e engrandecendo a vida de todos ao seu redor, pela satisfação que esse êxito traz.

## Mensagem 1

Parabéns, .......... ! Você conseguiu!

Todos sabemos como foi árduo o seu caminho e conhecemos a sua luta. Por isso, saboreie agora essa conquista, fruto do seu esforço e da sua fé em Deus, que iluminou as suas horas de estudo.

Toda essa determinação mostrou a sua força para atingir os seus propósitos. Afinal, não há nada que venha de graça, facilmente, sem trabalho e coragem, a não ser o amor incondicional que o Pai tem por Seus filhos.

Assim, do mesmo modo que você se vê hoje alcançando o sucesso, também nós, seus amigos e familiares, estamos emocionados e satisfeitos. Que nosso amado Deus continue a conduzir sua vida pelo reto caminho e que você sempre O tenha no seu coração.

# Mensagem 2

.........., parabéns pela formatura!
E...
Pela coragem
de não desistir,
pelas noites de estudo,
em claro,
pelas dúvidas
que viraram certezas,
pela força
buscada em Deus,
pela oração sincera
que a tudo transforma
e por se reconhecer
capaz de vencer.

# Mensagem 3

Hoje, vamos celebrar
a sua grande conquista!
Parabéns pela formatura!
Você lutou e chegou lá,
sem queixumes nem desistências.
Sabe bem que não há vitória
sem esforço e persistência.
Mas também queremos dizer:
Obrigado!
Por esgotar as suas forças,
mas não a sua fé,
por crer na promessa de Deus
em cada oração e
por ser luz para os que buscam
o que, hoje,
você conquistou.

## Mensagem 4

Parabéns
pela Formatura!
Sorria,
vibre,
comemore!
Sinta-se abençoado(a)
por essa etapa vencida,
por ser capaz de derrubar
qualquer barreira,
por transformar seu sonho
em realidade
e por nunca estar
sem a proteção de Deus.

## Mensagem 5

Você é
um(a) vitorioso(a)
e todos nós,
que lhe temos carinho,
estamos muito felizes
com a sua formatura.
Você batalha,
acredita em si mesmo
e vai buscar o que quer.
Mas é também uma pessoa
que sempre age segundo
a Vontade de Deus...
E é por essa consciência,
meu(inha) irmã(o),
que mais lhe admiramos.
Parabéns!

Capítulo 6

# Nascimento

# Falando sobre o nascimento

Deus, como pai zeloso, tem muito cuidado com a nossa existência. Quando nascemos, Ele nos enche com sua luz para que possamos trilhar o caminho em Sua direção. Sim, nascer é uma bênção, mesmo na doença ou na adversidade, pois, de algum modo, um dia o Pai vai nos resgatar, ensinando-nos o propósito da Sua Vontade, se assim permitirmos que nos ocorra.

Um nascimento sempre nos emociona, seja o de um novo membro da família ou não, porque nos faz perceber que o Pai está inundando o mundo com uma nova esperança. E, para isso, presenteia-o com um novo ser, pequeno e indefeso, porém pronto para amar e ser amado.

Deus, em sua infinita misericórdia, dá-nos a dádiva da vida para que sejamos felizes, espalhemos a Sua Palavra e amenizemos as dores de nossos irmãos, sempre que isso estiver ao nosso alcance. Cada pessoa que vem ao mundo é uma alma de esperança. E quantas bênçãos carrega um novo ser, feito à semelhança do Senhor e capaz de espalhar o seu amor!

Que Deus sempre acredite em nós e envie cada vez mais almas para perpetuarem a fé que temos Nele. Que cada vida que se inicia possa descobrir o caminho que leva ao Cristo e adorá-lo, e que seu exemplo ajude a outros a trilharem a mesma estrada que leva ao Pai.

## Mensagem 1

Não há palavras que descrevam o que um rostinho de bebê é capaz de fazer com os nossos sentimentos. Mas sempre causa muito choro de felicidade, emoção genuína de quem ama, à primeira vista, esse pedacinho de gente que chega do Céu.

Quando uma nova alma chega para clarear a Terra, os anjos tocam suas trombetas e anunciam a boa nova. Avisam que uma nova existência foi concebida para aprender e ensinar, para amar e ser amada, e para descobrir Cristo Jesus como seu Senhor e Salvador.

Parabéns, papai e mamãe, por terem recebido de Deus esse presente maravilhoso: seu(sua) filhinho(a) ......... . O Pai os convoca a realizar a tarefa de amá-lo(a) e educá-lo(a), mostrando-lhe a estrada que leva aos ensinamentos do Cristo e a uma vida realmente feliz.

Por isso, meus queridos, que aja sempre tempo e lugar para Deus em seu lar e que a proteção divina os acompanhe por toda a vida. Com todo o meu coração, desejo muitas alegrias no caminho de vocês. Fiquem na paz do Senhor.

## Mensagem 2

Parabéns aos papais
pela chegada de ………. .
Recebam esta
estrela de luz,
enviada por Deus
para iluminar
suas vidas.
Que ele(a) cresça
em um lar
cheio de amor,
com muita paz,
saúde e alegria,
sendo abençoado(a)
pelo Senhor
em todos os
seus caminhos.

# Mensagem 3

O amor que vem do Pai
está em toda parte...
Mas nada tem mais força
para nos mostrar isso
do que a chegada
de uma criança.
Abençoada seja,
pequena luz de esperança,
que vem para iluminar a tudo
e ser muito feliz.
Que bênçãos lhe cheguem
a cada segundo,
que seus pais se amem ainda mais
por você estar no mundo,
e que apenas de alegrias
seja tecido o seu futuro.

## Mensagem 4

Chegou .........,
amada criança
desde o primeiro
instante.
Que seja sempre
forte e alegre,
transbordante de
bondade,
e que inspire
os outros com sua
felicidade.

## Mensagem 5

Seja muito bem-vinda,
criança querida!
Todos os corações
estão unidos e
se abraçam
com a sua chegada.
Você é uma
gota de amor
que Deus derramou
sobre nós.
Que nosso Pai amado
lhe reserve
uma vida
muito feliz,
cheia de
bênçãos de
felicidade,
para sempre
vermos
você sorrir.

*Capítulo 7*

# Natal

# Falando sobre o Natal

Sabemos que somos filhos amados de nosso Deus-Pai porque, em Sua infinita bondade, Ele enviou Seu único filho para nos ensinar a Palavra que salva e, pelo seu exemplo reto, mostrar-nos a atitude do bom cristão.

Em 25 de dezembro, comemora-se o nascimento de Jesus, o Cristo, que desceu a Terra e nos amou incondicionalmente. Ele é a prova viva do grande amor que Deus tem para conosco.

Como cristãos, temos que aceitar Jesus como nosso Senhor e Salvador, pois é apenas isso que Ele nos pede. É o Cordeiro de Deus que veio para tirar os pecados do mundo e carregar a nossa cruz, desde que nos ajoelhemos na Sua presença e peçamos a Sua preciosa ajuda.

Todo o amor que há no mundo só existe porque Jesus o semeou para nós, plantou-o nos corações dos homens e os ensinou a amar também. Que saibamos perpetuar essa bênção e tê-Lo como guia para sempre.

# Mensagem 1

Que, neste dia, seus corações se entrelacem pelo amor do Cristo Jesus, nosso Salvador, e se jubilem pela graça de Sua vinda ao mundo. Vamos celebrar o Seu nascimento, confraternizando com os que nos rodeiam na paz do Seu Nome.

Jesus muda vidas a todo momento. Seu amor continua entre nós: é a salvação dos que Nele creem. Que saibamos espalhar essa verdade a nossos irmãos, para que, na noite de Natal, ecoe uma oração de gratidão em uníssono, vinda de toda a Terra.

Não existe melhor presente e não há melhor companhia do que Jesus. Ele é toda a Verdade, o Caminho e a Luz. Que você e seus entes queridos tenham um Natal muito feliz, com a presença Dele em seus corações.

Feliz Natal, meus amigos!

## Mensagem 2

Feliz daquele que
carrega em si
a graça de saber
que Deus nos enviou
Seu filho querido,
Jesus,
para nos guiar e amar.
Que o Natal
chegue repleto de
felicidade e harmonia e
que apenas Cristo
tenha voz
em seus corações.
Feliz Natal!

## Mensagem 3

Neste Natal, perceba
o quanto Jesus
tem estado ao seu lado,
alegrando os seus dias,
tecendo o seu futuro,
protegendo os seus caminhos,
guiando a sua alma...
Neste Natal, agradeça
pela Sua vinda e
por todo o
Seu imenso amor.
Neste Natal
faça da harmonia
uma celebração;
dos festejos, alegria;
da oração, gratidão.
Feliz Natal!

## Mensagem 4

Os anjos anunciam:
Nasceu Jesus!
Por amor de Deus-Pai.
Vamos nos jubilar e
entoar cânticos
de louvor!
Jesus vem trazer
a boa nova,
a estrela-guia
nos renova.
Que esta data
maravilhosa
seja repleta de
paz e felicidade
a todos os seus
e que o
amor de Cristo
esteja sempre
com vocês.

## Mensagem 5

Meus queridos!

Neste Natal,
celebrem o fato de
serem amados
por Jesus.

Que Ele
os abençoe
com o maior
dos presentes,
que é amar,
viver em paz
e ser feliz.

Fiquem na
paz do Senhor
e desfrutem
o amor divino
que hoje
inunda o seu lar.

Capítulo 8

# Páscoa

# Falando sobre a Páscoa

Por amor a nós, Jesus ressuscitou no terceiro dia, subiu aos céus e foi recebido por Deus e Seus anjos. Venceu a morte porque é o Cristo, o cordeiro de Deus que veio para tirar os pecados do mundo e nos prometer a vida eterna.

Jesus entregou sua vida para nos salvar. Sabia de seu destino na Terra e o tinha aceitado, pois apenas Ele tem o poder de dar esperança aos homens.

Pela humanidade, foi capaz de sofrer as piores dores e humilhações, fazer os maiores sacrifícios e morrer na cruz, abandonado pelos homens. Mas, eis que Ele ressurgiu, vivo, diante dos seus apóstolos, para anunciar sua vitória sobre a morte.

Vamos, meu irmão, a única coisa que Jesus nos pede é que O aceitemos, de todo o coração, e façamo-nos servos de Sua Vontade, que é sempre amorosa, não importam as circunstâncias. Estenda a sua mão e pegue a Dele, que estará sempre ao seu alcance, esperando pelo seu amor.

# Mensagem 1

Jesus, presença divina entre os homens, retornou à casa do Pai e nos mostrou o seu triunfo sobre a morte. Sabemos que seu compromisso era conosco, movido por um amor gigante, incondicional e incontestável.

Neste dia em que comemoramos a Páscoa, vamos unir nossas almas em uma oração de louvor e gratidão. Convoquem sua família e amigos para passarem uma Páscoa de reconciliação, risos e contentamento.

Não há como igualar o grandioso gesto de Jesus, pois não existe no mundo amor maior do que o Dele. Mas podemos celebrar a bênção da salvação que Ele nos oferece e ficar em paz.

Que um bem-querer sincero emoldure todos os corações e que haja a luz de Jesus entre vocês. Tenham uma Feliz Páscoa, na paz do Senhor.

# Mensagem 2

Meus queridos,
desejo uma
Feliz Páscoa
a vocês:
cheia de amor,
acolhedora e
repleta de alegria.
É tempo de
caminhar rumo
a Jesus,

de seguir os
Seus passos,
de repetir
Suas lições
aos outros e
de viver com
felicidade,
porque
Ele é o
Salvador
e vive
por nós.

## Mensagem 3

Eis o Cristo:
subiu ao Céu
de onde ilumina toda a Terra.
Ele vive,
ressuscitado que se fez
para nos livrar das trevas.
Que esse amor
inunde os corações aflitos
que ainda batem sem Jesus,
para que a Páscoa seja celebrada
com muita alegria,
em todos os cantos da Terra.
Feliz Páscoa!

## Mensagem 4

Jesus ressuscitou!
Que trombetas
soem
e cânticos
sejam entoados.
Que haja júbilo
em toda parte
e que
Deus seja louvado!
Feliz Páscoa, meu irmão!

## Mensagem 5

Páscoa!
Tempo de sorrir e
de nos jubilar pela
ressurreição de Jesus.
Ele é o Senhor e Salvador,
é o próprio amor...
Desejo uma
Feliz Páscoa
para você
e sua família,
com muita paz
e harmonia.